E Kamarurungai Kateimatooan te itiaki

Te korokaraki iroun Jo Seysener

Te korotaamnei iroun John Robert Azuelo

Library For All Ltd.

E boutokaaki karaoan te boki aio i aan ana reitaki ae tamaaroa te Tautaeka ni Kiribati ma te Tautaeka n Aotiteeria rinanon te Bootaki n Reirei. E boboto te reitaki aio i aon katamaaroaan te reirei ibukiia ataein Kiribati ni kabane.

E boreetiaki te boki aio iroun te Library for All rinanon ana mwane ni buoka te Tautaeka n Aotiteeria.

Te Library for All bon te rabwata ae aki karekemwane mai Aotiteeria ao e boboto ana mwakuri i aon kataabangakan te ataibwai bwa e na kona n reke irouia aomata ni kabane. Noora libraryforall.org

E Kamarurungai Kateimatooan te itiaki

E moan boreetiaki 2022
E moan boreetiaki te katootoo aio n 2022

E boreetiaki iroun Library For All Ltd
Meeri: info@libraryforall.org
URL: libraryforall.org

Te korotaamnei iroun John Robert Azuelo

Atuun te boki E Kamarurungai Kateimatooan te itiaki
Aran te tia korokaraki Seysener, Jo
ISBN: 978-1-922844-89-7
SKU02206

E Kamarurungai Kateimatooan te itiaki

E kamarurungai
kateimatooan te itiaki.
I irei baiu ao waeu.

I kaboonganaa te toobu
ao te ran ae itiaki.

I kamwauai n te taara.

N tain te amwarake,
I aki toki n irea baiu.

I mwiin amwarakeu,
I kaitiaka au raurau ao
I kaokia nakon nnena.

Ngkai I a itiaki ao e
itiaki naba mweengau.

I a kona n takaakaro
ma raoraou.

Ko kona ni kaboonganai titiraki aikai ni maroorooakina te boki aio ma am utuu, raoraom ao taan reirei.

Teraa ae ko reiakinna man te boki aio?

Kabwarabwaraa te boki aio.
E kaakamanga? E kakamaaku?
E kaunga? E kakaongoraa?

Teraa am namakin i mwiin warekan te boki aio?

Teraa maamaten nanom man te boki aei?

Rongorongon te tia korokaraki

Bon te tia korokaraki ibukiia ataei Jo Seysener ao iai natina aika teniman. E maamate naba nanona ni karaki aika a karioaki.

E maamate nanon Jo ni kataabangakan te atatai i aon te Post Natal Depression ao arona n rootii taian utu.

E maeka ni kaawan Brisbane ma ana utu ae e kaainaki iroun te kamea ae te keeobi, te kamea ae kamean Tiaaman, ao niiman taian moa. E mamataaiakinii naba taian aabwakati.

Ko kukurei n te boki aei?

Iai ara karaki aika a tia ni baarongaaki aika a kona n rineaki.

Ti mwakuri n ikarekebai ma taan korokaraki, taan kareirei, taan rabakau n te katei, te tautaeka ao ai rabwata aika aki irekereke ma te tautaeka n uarokoa kakukurein te wareware nakoia ataei n taabo ni kabane.

Ko ataia?

E rikirake ara ibuobuoki n te aonnaaba n itera aikai man irakin ana kouru te United Nations ibukin te Sustainable Development.